U. Gast

Nach dem fünften schmeckt's erst richtig

Ausreden für Biertrinker

Illustrationen von Jürgen Möller

Eichborn Verlag

Eine gute Schwäche ist besser als eine schlechte Stärke
Charles Aznavour

CIP-Titelaufnahme der Deutschen Bibliothek

Gast, Ulla:
Nach dem fünften schmeckt's erst richtig : Ausreden für Biertrinker / U. Gast. – Frankfurt am Main : Eichborn, 1989
ISBN 3-8218-1995-2

© Vito von Eichborn GmbH & Co. Verlag KG, Frankfurt am Main, April 1989. Umschlagmotiv: Jürgen Moller. Gesamtherstellung: Fuldaer Verlagsanstalt GmbH. ISBN 3-8218-1995-2.
Verlagsverzeichnis schickt gern: Eichborn Verlag, Sachsenhäuser Landwehrweg 293, D-6000 Frankfurt 70.

VORWORT

So sehr wir uns auch unserer Braukunst rühmen können – eine Erfindung unserer Zeit ist sie nicht. Jahrtausendealte Kulturen wie die der Pharaonen und Sumerer wußten sich ihr Leben mit dem gebrauten Trank zu versüßen und zu verlängern. Vielleicht stammt daher der Begriff »die a l t e n Ägypter«.

Die Kunst des Trinkens oder »ars bibere«, wie der Lateiner sagt, hat sich nicht nur bis heute erhalten, sondern ist ständig verfeinert worden. Kein Wunder also, wenn sich der eine oder andere Genießer an dem kühlen Labsal einstweilen derart gütlich tut, daß er dabei die täglichen Pflichten vernachlässigt. Was tun, wenn er über das Trinken seine Frau vergessen oder sich einer anderen besonnen hat? Oder wenn sich die grünen Ordnungshüter den Argumenten des autofahrenden Zechers verschließen? Dabei steht das weibliche Geschlecht den Bierfreunden in nichts nach, wohlgemerkt.

Zwar ist ein gutes Bier schon Argument genug, um sich über die Untiefen des Alltags hinwegzusetzen; dennoch – das zwischenmenschliche Leben dürstet nach handfesteren Ausflüchten. Grund genug, ein paar bekömmliche Ausreden für alle Bierfreunde/innen zusammenzutragen.

Das ist nicht Ihr Bier? Bei mehr als drei angekreuzten Zustimmungen lohnt sich die Lektüre.

	stimmt	stimmt nicht
Ich kann Bier von Wein unterscheiden	☐	☐
Ich kenne jemanden, der regelmäßig Bier trinkt	☐	☐
Ich habe schon einmal Bier getrunken	☐	☐
Ein Altbier (bevorzugt in Düsseldorf) muß nicht schlecht sein	☐	☐
Von Bier wird man nicht weinselig	☐	☐
Bier, in Maßen genossen, ist gesund	☐	☐
Bierlachs enthält keinen Alkohol	☐	☐
Ein Verlag, der ein Buch über Bier herausgibt, ist nicht zwangsläufig ein Bierverlag	☐	☐

EINIGE TIPS
ZUM GEPFLEGTEN BIER

○ Bier darf man nicht erschüttern.
   Es sollte also mit ruhiger Hand getrunken werden, d. h. nach ein bis zwei Bierchen.
○ Zu hohe Temperaturen sollte man unbedingt vermeiden (im Sommer nicht über 9°, im Winter nicht unter 5°, da es sonst trübe und sauer wird).
   Bierfreunde/innen sollten daher stets ein Thermometer in Hand- oder Jackettasche tragen.
○ Vor dem Anzapfen sollte ein Faß Bier einen Tag ruhen. Empfehlenswert: Immer gleich zwei Fässer besorgen, um unnötige Wartezeiten zu vermeiden.

Hennes schleicht sich zu mitternächtlicher Stunde ins eheliche Schlafzimmer – doch alles vergebens: Seine Frau sitzt kerzengerade im Bett und bemerkt: »Du schwankst, Hennes.«
»Wie recht du hast, Liebling«, entgegnet der Ertappte rasch, »ich schwanke noch, ob ich dir einen Pelz oder eine Spülmaschine kaufen soll.«

Situation: »Zu früh« angeheitert nach Hause gekommen

Ein betrübliches Schicksal: Der reuige Zecher/ die reuige Zecherin hat den inneren Schweinehund bekämpft und ist treuherzig ins traute Heim zurückgekehrt. Doch statt der Kniefälle und Freudentränen bahnt sich ein schweres Ehegewitter an, wie es kein Ganghofer-Roman eindrucksvoller schildern könnte.

Der Vorwurf, zu spät nach Hause gekommen zu sein, will dem Heimkehrer/der Heimkehrerin angesichts dieser frühen Stunde nun gar nicht einleuchten. Doch um wieviel ärmer wäre unsere Welt ohne diese Standardsituation? Mindestens um eine Reihe von Bilderwitzen, die den nudelholzbewaffneten Hausdrachen hinter der Haustür zeigen.

Dabei können faustdicke Auseinandersetzungen und ansetzende Gardinenpredigten im Keim erstickt werden, vorausgesetzt, die aalglatte Ausrede ist zur Hand.

Du, das mit dem Reinheitsgebot stimmt! Hab' mit Ossi die ganze Nacht getestet. Dafür müßte mir die Brauerei eigentlich einen Orden verleihen.

Wär's dir lieber gewesen, ich hätte mich mit Glykol zugetankt? Dann wäre ich ja noch schneller aufgetaut!

Der hatte so viele Biersorten. Bis ich mich hindurchgetestet hatte, war ich schon sternhagelvoll.

Der Tussi neben mir wollte ich's unbedingt beweisen. Die war mir immer zwei Bierlängen voraus.

Wenn ich gepflegt einen trinken gehe, will ich auch wenigstens meinen Kater pflegen.

Der Geschäftsfreund wollte mir bei einem Bier die neue Firmenpolitik erklären. Der spricht leider so langsam!

Ohne ein gepflegtes Bierchen hätte ich dem Typ nie den preiswerten Homecomputer abschwatzen können.

Bin nicht blau. Ich glaub', das sind reine Entzugserscheinungen.

Als wir uns kennenlernten, hast du meine lokkere Art so an mir geliebt.

Wenn du mitgetrunken hättest, wären wir wenigstens auf einem Level.

Intelligenz säuft. Mich wundert's nur, daß du so nüchtern bist.

Ich wollte partout nicht trinken, aber du weißt ja, wie überzeugungsstark Manni (Eduard / Fritze) ist.

Mit Alkohol löst man keine Probleme. Also mach mir auch keine.

Ich war so traurig, daß du nicht dabei warst. Habe deshalb einen über den Durst getrunken.

Ich hab' im Suff nicht mehr gemerkt, wie blau ich war. Entschuldige bitte.

Das muß Starkbier gewesen sein, denn mehr als ein Gläschen habe ich nicht getrunken – pro Minute.

Meine Feinmotorik hat versagt. Der Krug ließ sich einfach nicht mehr absetzen.

Alle anderen waren mit ihrem Partner da. Also mußte ich für zwei trinken.

Ich konnte mich doch nicht von dem Achtzehnjährigen unter den Tisch saufen lassen – bei aller Ehre!

Während der Bierpausen war ich wirklich enthaltsam.

Wirklich – als es am schönsten war, bin ich gegangen. Du bist jetzt mein Höhepunkt.

Du hast recht: Für die vielen Biere habe ich einfach zu wenig gegessen.

Wollte mich gerade auf den Sprung machen, als so'n Vater von frischen Drillingen ins Lokal kam. Der hat eine Runde nach der anderen geschmissen.

War reine Prophylaxe gegen Nierenversagen (vegetative Störungen, Einschlafprobleme).

Stell dir vor: Ich habe den Stadtplan mit deinem Schnittmusterbogen verwechselt. Kein Wunder, daß ich mich damit völlig verfranst habe.

Du willst doch nicht, daß ich mit Alkohol noch fahre. Da mußte ich eben aufs Auto verzichten. Und du auf mich!

War zum Bierlachs eingeladen. Konnte ich denn wissen, daß das nichts zum Essen ist?

Wenn ich blau bin, macht mich das bei anderen Frauen so unattraktiv. Das kann doch nur in deinem Interesse sein, oder?

Wenn ich auf asketisch mache, wittert jeder Geschäftspartner gleich Böses. Beim Saufen lassen sie dagegen viel aus ihrem Nähkästchen raus.

Ich habe mir immer vorgestellt, wie schön es wäre, wenn du eine Zwillingsschwester hättest. Jetzt sehe ich dich endlich doppelt!

> Bruder, komm', ich rathe dir,
> Braue hübsches, dünnes Bier.
> Wirf, damit's die Gäste dürste,
> Handvoll Salz in deine Würste –
> Halte eine schöne Magd,
> Die den Gästen nichts versagt;
> Und für eine kleine Freude,
> Schreibe doppelt mit der Kreide!
> Halt' auf deinem Vortheil fest,
> Du wirst reich! – Probatum est!

Die kleine Bierküche

Im Prinzip läßt sich jedes Rezept, sei es für Getränke oder Speisen, dem Geschmack von Bierfreunden/innen entsprechend abwandeln.

Beispiel: Apfel-Sauermilch

¼ l Sauermilch
1 mittelgroßer geriebener Apfel
abgeriebene Schale von einer halben Zitrone
1 BL (Barlöffel) Zucker

Ein alkoholfreies Mixgetränk, das im Sommer herrlich erfrischt. Alle Zutaten im Mixgerät verarbeiten und in hohen Bechergläsern sehr kalt servieren.

Abwandlung für den Bierpuristen

¼ l Bier (beliebige Sorte)
1 Frikadelle mit geringem Brotanteil
Pfeffer und Salz zum Nachwürzen
1 BL Klarer Schnaps als schmückende Beigabe (Trinkerset)

Ein alkoholisches Reingetränk für alle Jahreszeiten. Das Bier in ein adäquates Glas geben und gekühlt servieren.

Er: »Ich weiß, Liebes, ich bin tief in deiner Schuld«, beginnt der reuige Sünder seine morgendliche Abbitte. »Nicht nur, daß ich sturzbesoffen nach Hause gekommen bin, sondern diesmal auch noch mit einem blauen Auge.«
Sie, grinsend: »Ich kann dich beruhigen, Schatz, das blaue Auge hattest du noch nicht, als du heimkamst.«

Situation: Fremdgegangen

Daß mit erhöhtem Bierkonsum die Kontaktfähigkeit zunimmt, die ansonsten oft zu wünschen übrigläßt, ist eine reizvolle Begleiterscheinung beim gemütlichen Umtrunk. Die Leute sind nett, die Welt ist in rosa Watte gepackt – kein Wunder, daß einem das Herz (und die Blase) überläuft...
Die geheimsten Wünsche werden wach, und sofern der andere/die andere alkoholisch gleichgezogen hat, verspricht der Abend eine Seligkeit, die der nüchterne Tag hat missen lassen.

Leider drohen die häuslichen Spätfolgen das erworbene Glücksgefühl jäh einzudämmen. Da bedarf es schon einer guten Ausrede, um das Kind – einmal in den Bierbrunnen gefallen – wieder hochzuziehen...

*****

Karin hat mich noch zu einer mitternächtlichen Biersuppe zu sich eingeladen. Daß Bierernst daraus wurde, ist wirklich nicht mein Bier!

War die Nacht über bei Silvia. Mußte mich die ganze Zeit im Kleiderschrank verstecken, sonst wär' ihr Mann auf krumme Gedanken gekommen.

Es ist wirklich nichts gelaufen zwischen der und mir. Du weißt doch: Wenn ich blau bin, wirkt bei mir der Schlafhammer.

Wäre dir eine heiße Schwarze lieber gewesen als ein paar kühle Blonde?

Wenn die nicht so ein gutes Bier im Kühlschrank gehabt hätte, wäre ich bestimmt nicht so lange bei ihr geblieben.

Nüchtern hätte ich gar nicht die Traute gehabt, den Mann anzusprechen.

Sei doch froh, daß ich angeheitert war. Auf die Weise kann ich mich nicht einmal an die Nacht mit dem erinnern.

Das ist nur mangelndes Training. Ich lasse mich doch sonst nicht nach nur einem Eierlikör abschleppen.

Hab' sozialen Dienst bei der Bahnhofsmission versehen. Mit den Pennern kommt man erst über Alkohol ins Gespräch.

Wollte mal ausprobieren, was du an solchen Sauftouren findest. Ich glaub', jetzt weiß ich es.

Wenn ich erst etwas mehr Übung habe, falle ich nicht mehr auf den Nächstbesten rein.

Du, der hat mir so viele Komplimente gemacht. Die können gar nicht im Suff entstanden sein.

Ich hatte versprochen, das letzte Bier auszugeben. Klar, daß ich da kein Ende finden konnte.

Ist nichts passiert. Sie hatte ihren Mann zu Hause (auf dem Foto überm Bett).

Ich habe dem die ganze Nacht erklärt, warum ich einen Seitensprung doof finde.

Ich und Seitensprung? Ich bin ein Typ, der nach vorne schaut!

Jetzt mal ehrlich: Wenn ich mit dem nüchtern gepennt hätte, wär's doch viel schlimmer für dich, oder?

Mein Wagen hatte keinen Sprit mehr. Da habe ich bei Lothar noch aufgetankt und ihm aus Dankbarkeit noch ein paar Stündchen gegönnt.

Bier treibt. Nun hat's mich ins Bett eines anderen getrieben.

Ich hatte meine Schlüssel nicht gefunden, und du hast auf mein Klingeln nicht aufgemacht. Darf ich mal wissen, wo du gewesen bist?

Man sagt immer, im Suff sei ich ganz zahm und lieb. Und die Welt braucht doch viel mehr Liebe!

Was heißt hier »fremdgegangen«? Ute kenne ich doch schon seit Jahren!

Nach 20 Bierchen fühlte ich mich auf einmal in meine Kindheit zurückversetzt und dachte, ich hätte meine Sandkastenliebe wiederentdeckt. Nur mit dem Unterschied, daß die nicht mehr mit Förmchen spielen wollte.

Die wohnte direkt um die Ecke. Sei doch froh, daß ich – blau wie ich war – nicht mehr den langen Weg nach Hause gefahren bin.

Die saß schon den ganzen Abend am Tresen und meinte, sie wüßte etwas Besseres, als Bier zu trinken. Der habe ich's aber gegeben!

Mein Blick war wie vernebelt. Ich dachte, ich sei in d e i n e m Bett gewesen.

Für mein Fremdgehen kannst du mich nicht verantwortlich machen. Ich hab' so viel getrunken, daß ich nicht mehr zurechnungsfähig war.

Kann ich etwas dafür, daß mich eine Taxifahrerin fuhr, die gerade eine verkorkste Ehe hinter sich hatte?

Eine Epistel oder ein Soliloquium,
da Fredmann vor der Kneipe Kriechherein
gegenüber dem Bankhaus im Rinnstein lag,
und zwar in einer Sommernacht des
Jahres 1768

Ach, liebe mutter! sag, wer dich sandte
Auf meines vaters stroh?
Wo mir zuerst mein lebensfunk entbrannte
Unter dem plümoo!
Wegen dir trage
Ich müh und plage,
Müde wankt mein schritt.
Du lagst am rücken,
Heiß vor entzücken,
Da ich in dich glitt;
Also ward hingerafft
Deine jungfernschaft,
Deine jungfernschaft.

Soll doch ein teufel dieses bett entführen,
Das sich so ächzend bog!
Pfui allen deinen zarten jungfernschwüren,
Alles weibertrug!
Pfui jener stunde
Im liebesbunde,

Der du dich erfreut!
Pfui deinen brüsten,
Die du in lüsten
Schwellend ihm gebeut!
Oder wars an der wand
Wo mein bild entstand,
Wo mein bild entstand?

Ein treues herze ich zutiefst verachte;
Pfui, liebste mutter du!
Hier liege ich im rinnstein und betrachte
Meine alten schuh.
Recht zum entsetzen
Hose in fetzen,
Hemde schwarz wie ruß,
Ohne perücke,
Mit einer krücke
Für den lahmen fuß.
Mir läuft die kleiderlaus,
Ist das nicht ein graus,
Ist das nicht ein graus?

Hier meine hände, eisig und mager,
Zitternd wie welkes laub;
Haltlos hin wank ich, kotzeblaß und hager,
Krank durch dreck und staub.
Augen und wangen
Zwiefach umfangen

Von vergänglichkeit.
Himmel! mein singen
Will mir mißlingen,
Gibts noch größres leid
In diesem jammertal?
Leer ist mein pokal,
Leer ist mein pokal!

Kühlt mir die zunge, ach! Süße säfte
Schenket mir wacker ein.
Ich bin ein heide, herze, mund und kräfte
Preisen nur den wein.
Arm und versoffen,
Gurgel stets offen,
Das ist meine welt;
Meine methode
Selbst vor dem tode:
Zechen was es hält.
Noch in der letzten stund
Bleibt mein glas am mund,
Bleibt mein glas am mund!

Schon knarrt die schanktür, oh, welch ein segen,
Wirtin, das ist honett.
Die morgenröt tritt nun der nacht entgegen,
Sterne gehn zu bett;
Goldstrahlen flimmern,
Kirchtürme schimmern,
Lauer wird die luft.

**Auf von der liege,
Runter die stiege,
In des Bacchus gruft!
Branntwein zum saufen her,
Dürste ja so sehr,
Dürste ja so sehr!**

Peter hat wieder einmal eine seiner Sauftouren beendet, kann aber kein Ende finden und spektakelt vor der Kneipe herum. Die Nachbarn, die sich in ihrer nächtlichen Ruhe gestört fühlen, rufen die Polizei.
»Was machen Sie denn für ein Theater?« fragt ihn der Polizist.
»Ich will noch ein Bier.«
»Ich nehme Sie mit zur Wache«, sagt kurzentschlossen der Polizist.
»Ist dort noch Ausschank?«

DIE KLEINE BIERKÜCHE

Beispiel: Grapefruit Highball

2–3 Eiswürfel
2,5 cl Grenadine
7,5 cl Grapefruitsaft
Sodawasser oder Ginger Ale

Ein alkoholfreier Drink, der sich vor allem für eine Gartenparty eignet. In ein hohes Becherglas Eiswürfel, Grenadine und Grapefruitsaft geben. Mit Sodawasser oder Ginger Ale auffüllen. Umrühren und mit Trinkhalm servieren.

Abwandlung für den Bierpuristen

→ zum schnellen Kühlen des Bieres
→ oder eine andere Dame
→ für den nächsten Morgen
→ als Alternative zum Saft

Basisgetränk Bier in einen dekorativen Bierseidel geben. Grenadine oder der Dame Ihrer Wahl zuprosten. Grapefruitsaft und Sodawasser für den Morgen »danach« kühlstellen.

Eine Elegie für Vater Movitz
während seiner Krankheit,
nämlich der galoppierenden Schwindsucht

Trink aus dein glas, der tod schon wartet deiner,
Er schleift sein schwert, will dir ans leben gar;
Sorg dich nicht, denk, nur vor der tür erscheint er
Und wartet dort, vielleicht noch ein, zwei jahr.
Movitz, die schwindsucht, die bringt dich zu grabe.
– – Zupf die oktave;
Stimm deine saiten, sing wie schöns einst war. :II:

Gelb dein gesicht, im fieber deine wangen,
Gedrückte brust und plattes schulterblatt.
Laß sehn die hand! Die adern blaue schlangen,
Feucht und geschwollen jede wie im bad;
Schweißig die hand, deine adern, sie schwellen . . .
– – Spiel villanellen;
Leer deine flasche, sing und sei nicht fad. :II:

Himmel! du stirbst, dein husten macht mir sorgen,
Trocken dringt er aus deiner brust so laut;
Weiß ist die zung, dein herz so bang verborgen;
Weich wie ein schwamm sind sehnen, mark und haut.
Atme. – Pfui! welch ein dunst aus deiner asche.
– – Leih mir die flasche.
Auf die gesundheit! wer sich jetzt noch traut. :II:

Aus deinem becher tropfenweise fließen
Sahn deinen tod wir unter sang und spiel.
Glühende maden lang schon dir verhießen,
Movitz, im glase, ach dein graues ziel.
Alles verzehrt, deine augen sie rinnen,
— — Bald gehts von hinnen.
Kannst du noch trinken? — Mir wirds nie zuviel! :II:

Nun denn, zum wohl! Zum abschied Bacchus winket,
Von Freias thron ein kuß herüberweht.
zu ihrem lob dein herz in blut ertrinket,
Das jetzt mit macht aus deinen adern geht.
Sing, bet und dank und vergiß und bedenke;
— — Komm, freund, ich schenke
Dir ne butelje. Bist du tot? — Nein, trinkt! :II:

Situation: Polizeikontrolle

Der Abend war herrlich, die Nacht ist ruhig, und zügig strebt das Auto dem warmen Bett entgegen. Plötzlich Rotlicht. Dahinter grüne Uniformen. Eine der seltenen Spezies von Beamten, die nächtens ihren Dienst verrichten. Und sie nehmen sich ernst! Denn schon ist man umzingelt und sieht sich mit der müßigen Frage konfrontiert: Haben Sie Alkohol zu sich genommen?

Die vornehme Nachfrage kann nicht darüber hinwegtäuschen, daß jedwede Fluchtmöglichkeit ausgeschlossen ist. Das Schicksal nimmt seinen Lauf. Ob die grünen Herren über die Bierfahne hinwegschnuppern?

Vieles hängt jetzt vom eigenen Verhalten ab. Und von einer glaubwürdigen Geschichte, die das Auge des Gesetzes milde stimmen könnte...

*****

Bier ist gesund, sagt mein Arzt. Kann ich dafür, daß auch Alkohol drin ist?

Hab' in meiner Stammkneipe noch einen Bierhahn repariert. Mußte ihn dann natürlich auch testen.

Ich fahre nicht im Kreis herum. Ich teste den Wendekreis meines neuen Autos.

Was heißt hier »alkoholisiert am Steuer«? Ist doch besser als nüchtern unterm Auto.

Natürlich bin ich bei Rot über die Ampel gefahren. Bei meinen Reaktionen m u ß ich bei Rot losfahren, um bei Grün über die Kreuzung zu kommen.

Gut, daß Sie mich angehalten haben. In meinem Zustand hätte ich für nichts mehr garantieren können.

War noch im Bierverlag – korrekturtrinken!

Ich hab' gestern 20 Biermarken gewonnen. Konnte ich leider nur heute einlösen.

Ich bin beruflich unterwegs, als Biertester.

Wollte etwas für die deutsche Wirtschaft tun.

Hab' einen Schluck getrunken – gegen den Mundgeruch. Seien Sie doch froh!

Lassen Sie mich schnell weiterfahren. Meine Frau entbindet gerade. Ich kann sie doch jetzt nicht allein lassen. (Wenn die Frau Beifahrerin ist: Meine Schwester wollte auch mit.)

An Ihrer Stelle würde ich mir mal lieber die Hinterreifen angucken. Ich glaub', die sind ganz schön abgefahren.

Ich habe ein Päckchen Heroin dabei. Wenn Sie das Ihrem Boß überreichen, machen Sie bestimmt Punkte.

Ich weiß, besoffen soll man nicht hinters Steuer. Aber dann muß mein Freund auf dem Rücksitz auch bestraft werden.

Das ist das erste Mal, daß ich trinke. Muß erst lernen, damit umzugehen.

Blasen darf ich nicht. Da krieg' ich immer Hyperventilationsprobleme.

Okay, ich lasse den Wagen stehen. Aber das Taxi müssen Sie mir bezahlen.

Bei Ihrem Kollegen vorhin bin ich auch ungeschoren davongekommen. Im Zuge des Gleichheitsprinzips müßten Sie doch auch ein Auge zukneifen.

Der Wirt wollte mir die Autoschlüssel wegnehmen. Da habe ich mich schleunigst davongemacht. Sie würden sich doch auch nicht beklauen lassen!

Wissentlich habe ich nur zwei kleine Bier getrunken. Nach dem Rest dürfen Sie mich nicht fragen.

Was ist Ihnen lieber: nüchtern einen Unfall bauen oder blau vorschriftsmäßig fahren?

Kann das noch der Restalkohol von der letzten Woche sein?

Die eingemachten Stachelbeeren haben mir schon so komisch geschmeckt – wahrscheinlich wegen der alkoholischen Gärung. Wird das auch bestraft?

Ich bin mir nicht sicher, ob Sie in Ihrem jugendlichen Alter schon an erwachsene Menschen herantreten dürfen. Sie könnten ja mein Sohn sein.

Jetzt reicht's mir aber! Vorgestern haben Ihre Kollegen mir schon den Führerschein abgenommen. Was wollen Sie denn jetzt noch?

Ich hab' nur zwei Bier getrunken. Wenn Sie mehr als 0,8 Promille bei mir feststellen, liegt das an der Konsistenz meines Blutes.

Wenn ich Ihnen sage, wo Sie fünf besoffene Autofahrer auf einmal schnappen können – lassen Sie mich dann weiterfahren? Ich denke da z. B. an Ihre Kollegen, die mit mir am Tresen standen...

Nun mal ehrlich: Zum Wegschütten ist das Bier doch wirklich zu schade!

Wenn ich was getrunken habe, fühle ich mich im Auto sicherer als auf dem Fahrrad. Sie sind doch selbst mit dem Auto unterwegs.

Ich soll blasen? Wo haben Sie denn Ihr Aua?

Jupp begibt sich wegen einiger körperlicher Beschwerden endlich in ärztliche Hände. Der Arzt untersucht ihn eingehend, scheint aber mit seiner Diagnose unschlüssig.
»Also, so auf Anhieb kann ich die Ursache für Ihre Beschwerden nicht finden«, sagt der Arzt schließlich, »vermutlich liegt's am Alkohol.«
»Kann vorkommen«, lächelt Jupp den Arzt an, »wenn Sie wieder nüchtern sind, kann ich ja wiederkommen.«

Eine Epistel für Jergen,
da er sich dem Teufel verschrieb

Teufel, heraus, mach zu kleinholz die stühle,
Zerrupf und zerzupf alle pfühle;
Schlagt alles krumm und klein,
Tretet die baßgeig ein;
Satan tanzt heute im saal!
Schmücket die schenke,
Es ist so kahl;
Leer sind die bänke
Und leer der pokal.
Jergen da oben
Mit wüten und toben
Beichtet seine qual:
Ach, ich bin ein elend sinder,
Min kontrakt till ende gor;
Herts einmal, jag mig ferbinder
Noch zwey jor.
Jag schall alle flicker kränken,
Po spelhusen ook sin flink,
Aldri op min husfru tänken,
An Katrink.
Scheen de gigen stemmer!
Bringt mir bläck und penne!
Frilich, ik bin din, du düwel, glik bim eersten wink.

Tummel dich, Lotta und fege die wände,
Du schlunze, rühr fleißig die hände!
Häng mir die fenster ein,
Bring hurtig licht herein,
Schneid mir nicht so ein gesicht!
Heißa, Canalje,
So tu deine pflicht,
Kriegst ne medalje,
Vergiß deine gicht,
Wische die stufen
Und Movitz geh rufen,
Damit er geigt, der wicht!
Mit min rote blut jag skriwe
Dich nu desen reversal,
Det ik mik nu öwergive;
Gantz fatal!
Det ik niemoln ware nüchtern,
Selten in de kerken loop,
Truget fille mine plikten,
Supen op.
Glömme alle kremper.
Stockholm, den nofemper,
Manu mea propria, op Kruken Rosenthal.

DIE KLEINE BIERKÜCHE

Beispiel: Bierpunsch (für 1 Person)

Abwandlung für den Bierpuristen

1 Eiweiß
1 Teelöffel Zucker
1 Eigelb
1 Teelöffel Zitronensaft
¼ l helles Bier
1 Zitronenspirale*
1 Prise Muskat
* erhältlich im Heimwerkergeschäft

Zutaten wie links

Der Bierpunsch ist ein wärmerer Drink für kalte, neblige Tage.
Eiweiß und Zucker steifschlagen. Eigelb und Zitronensaft einrühren.

} Alles mischen und ins Klo spülen.

Bier mit Zitronenschale erhitzen, jedoch nicht kochen. Zitronenschale rausnehmen. Heißes Bier in Gläser füllen. Mit Muskat bestreuen.

Bier erkalten lassen und Zitronenschale um den Fuß des Bierglases legen. Schale vor dem Antrinken beiseitelegen. Bier ins entsprechende Bierglas einfüllen und je nach Belieben in einem Zug oder unter mehrmaligem Absetzen des Glases genießen.

Situation: Bei Antialkoholikern eingeladen

Welch traumatische Situation für jeden, der die feuchte Geselligkeit unter Einwirkung von etwas Alkohol liebt: Da gibt es doch im Zuge der neuen Enthaltsamkeit an Geist und Körper Kreise, die sich ausschließlich an Worten und dem Klatsch über andere berauschen statt an den bewährten liquiden Gaumenfreuden. Wer einmal in eine solche, sehr zweifelhafte, Asketenrunde hineingeraten ist, fühlt sich geneigt, die Hausapotheke des Gastgebers/der Gastgeberin nach einem trostspendenden Klostersau Gewissengeist zu plündern oder den Kartoffelkeller nach einem Fläschchen Bier zu durchstöbern. Da tröstet auch nicht der Dreierpack des alkoholfreien Bieres in der Ecke, denn alles, was ein Bier braucht, ist außer Hopfen, Wasser und Malz das richtige Quantum an Alkohol. Will man nicht gleich wieder Reißaus nehmen – die ansonsten triste Gemeinschaft könnte ja

zum Beispiel karrieredienliche Züge tragen –, sollte sich der Bierfreund/die Bierfreundin einiger Tricks bedienen, um die eigenen alkoholischen Bedürfnisse zu befriedigen.

*****

Du, ich bin gleich wieder da. Hab' ganz kurz eine wichtige Besorgung zu machen. (Tanken Sie am Kiosk auf, und bringen Sie ein Sträußchen Blumen für die Gastgeberin mit.)

(Als Gastgeschenk einen Kasten Bier anschleppen:) Tut mir leid, ich wußte nicht, daß ihr dem Alkohol abgesprochen habt.

(Tragen Sie Ihren weitesten Sakko/Hosenanzug mit den nötigsten verstauten Reserven:) Ich weiß, modisch ist meine Kleidung nicht, aber sooo bequem!

Entschuldigt bitte! Ich weiß, ihr trinkt keinen Alkohol, aber mir ist so schummrig. Vielleicht habt ihr ja doch einen Tropfen in der Bar.

Verzeiht mein Fäßchen Bier, aber mein Urologe hat's mir dringend geraten.

Ist wirklich witzig: Auf dem Weg hierher hat mir so ein Reklamemensch von der Brauerei diese Probepackung in die Arme gedrückt.

Mach' gerade eine schrittweise Entwöhnungskur. Für heute ist leider noch dieses Quantum vorgesehen.

Ach, ich dachte, das sei alkoholfreies Bier. Na ja, jetzt wo der Kasten einmal hier ist...

Ich muß mal eben geschäftlich ein paar Straßen weiter. Hätte ich doch fast verschwitzt. (Die nächste Kneipe kommt bestimmt.)

Verdiene mir im Moment so nebenbei ein bißchen als Biertester. Glaubt nicht, daß mir das Spaß macht bei den Verkehrskontrollen!

Hab' draußen gerade einem alkoholgefährdeten Menschen seine Flaschen abgenommen. Ist besser für ihn (und für mich).

Laß mich mal am Bier probieren. Igitt, wie fies!

Glaubt mir, den Witz kann ich nur erzählen, wenn ich in Stimmung bin.

Die neuesten wissenschaftlichen Untersuchungen haben ergeben, daß der Alkohol im Bier noch während der Gärung verfliegt. Die Wirkung ist also reines Placebo.

Das Bier trinke ich nur zur Regulierung meines Vitamin-B-Haushalts. Oder habt ihr das auch in Medikamentenform da?

Seit ich aus den Feuchtgebieten zurück bin, ist mir überall die Luft zu trocken. Mit einem Schuß Alkohol könntet ihr mich wieder beleben.

Nichts gegen euren Gesundheitstick, aber er muß ja nicht gleich auf alle anderen übergreifen.

Ich kann's nicht haben, wenn noch Bier im Hause ist. Komm, ich vernichte es schnell.

Bin noch blau von gestern. Ein Fläschchen Bier soll da Wunder wirken.

Eure Wohnung ist ja ganz gemütlich. Darf ich euch trotzdem auf ein Bier in die Kneipe drüben einladen?

Ich meine, mit einem guten Tropfen kriegt diese Fete erst das richtige Niveau.

Alle Größen des Showgeschäfts saufen. Warum sollte ich da eine Ausnahme sein?

Mir kommt es bestimmt nicht darauf an, Alkohol zu trinken, aber auch ein gutes Essen rutscht nicht ohne.

Ich freue mich über jeden, der auch ohne Bier in Stimmung kommt, doch für mich Misanthropen ist das nichts.

Das Haltbarkeitsdatum eurer Alkoholika läuft heute ab, habe ich gerade bemerkt. Darf ich mich als Resteverwerter anbieten?

Wenn's hier heute nichts Vernünftiges zu trinken gibt, lad' ich euch demnächst zu mir zum Nullessen ein.

Könntet ihr wohl mal ein paar Fläschchen zur Dekoration auf den Tisch stellen? Nur so zum Anschauen und Schwärmen.

Wenn ihr nicht euren Alkohol rausholt, erzähle ich überall herum, daß ihr knausrig seid.

Ich selbst könnte ja auf Bier verzichten, aber meine Leber tut sich zur Zeit so schwer.

Ich habe aus Versehen die Nummer des Biertaxis gewählt. Tut mir leid – jetzt müssen wir's entgegennehmen.

Eine Epistel
oder Abschied an die alten Damen, insonderheit an Mutter Maja im Sonnengäßlein beim Großen Markt anno 1785

Hört, Charons lure wimmert,
Stürme heulend toben,
Fahl unser segel schimmert
Schon neigt sich der mast;
Seht wie der vollmond flimmert,
Trauerstern-umwoben,
Bald wird mein sarg gezimmert,
Man legt mich zur rast;
Hastig verrinnt mir das leben,
Charon muß ich mich ergeben.
Wellen im spiele
Plätschern am kiele,
Wo bleibt mein retter?
Träg treiben bretter:
Kohlschwarze leichengondeln schaukeln auf der flut,
Durch dampf und glut :II:
Und geisterglast.

Schankweiber, hübsche, rasche,
Stärkt mich für diese reise,

Zu meiner väter asche
Geht es heute nacht.
Hab nichts mehr in der tasche;
Rotzige heisre greise
Borgen mir kaum ne flasche,
Wer hätt das gedacht?
Mutter, zwei öre vom tische
Streiche mir jetzt ab für fische,
Ditto zwei öre
Für alte störe
Und für die aale
In grüner schale;
Dann noch für die potaten, die ich verschling,
Das ist ein ding, :II:
Die reinste pracht!

Ich mach mein testamente
Auf einem weinfaß gründlich;
Komm, lies mir das patente,
Mutter Maja du;
Fort, weltlich regimente:
Die welt verbittert stündlich,
Sternklares firmamente
Hüllet mich in ruh.
Ich schwinge froh meinen becher,
Klang, das schmeckt mir altem Zecher!
Perlet so prächtig,
Schäumet ganz mächtig,

Tropft von der schnute
Mir aufs sürtute.
Ja, das tut mir gut, Maja, das ist bier von rang.
Klang, Mutter, klang! :II:
Charon, juhu!

Jetzt beugt es mich vornüber,
Nacken und schultern schwanken,
Mein muntrer blick wird trüber,
Götter, steht mir bei.
Augen voll feuchtem fieber
Rauben meine gedanken,
Säng heitre lieder lieber
Alles einerlei!
Hose ist alt und zerschlissen,
Sag, war ich je so zerrissen?
Hin ist die weste,
Fetzen die reste,
Und ohne zweifel
Strümpfe beim teufel,
Und dieses schöne hemd einst trug, du glaubst es nie,
Beckmans Marie, :II:
Ich war so frei.

Auf gehts zur jenseitsreise,
Mann, wie knirscht das steuer,
Alles dreht sich im kreise,

Schwappt und klappt im Fluß;
Kein laut von Äols weise,
Charon pfeift ungeheuer
Und aus der höllenschneise
Pluto heult zum gruß.
Blitz, donner, nordlicht und grausen,
Ringsum die wolken hin sausen,
Der große wagen
Will schier verzagen,
Sterne verglimmen,
Strände verschwimmen,
Bis dann in schwarzen schatten alles licht zerrinnt;
Mein schmerz beginnt, :II:
Gut nacht, Madam!

»Du hast ja eine ganz schwarze Zunge«, sagt der eine geizige Saufbold zum andern.
»Ist alles am Boden zerschellt«, meint der andere.
»Was ist zerschellt?« bohrt der eine nach.
»Meine letzte Flasche Bier auf der frischgeteerten Straße.«

Situation: Anderen eine Runde abschnorren

Prinzipiell ist nicht einzusehen, daß ein so geselliges Vergnügen wie das Biertrinken aus nur einer Kasse bestritten werden soll. Auch hier kann ein Stückchen Solidarität weiterhelfen. Es ist nur zu verständlich, daß sich kontaktarme Mitzecher/innen nicht trauen, ihren Nächsten mit großzügigen Gesten zu überschütten, aus Angst, sich anzubiedern.

Dabei kann jede/r, der/die sich einladen lassen möchte, Bereitschaft signalisieren. Oft sind es nur Kleinigkeiten. So kann ein offener, freundlicher Blick in die Runde schon Wunder wirken, wogegen die verzweifelte Suche nach Kleingeld oder das Heraushängenlassen der trockenen Zunge eher abstoßend wirken.
Wie so oft im Leben kann man mit kleinen Zaunpfählen wie den folgenden Sprüchen das Glück auf seine Seite ziehen und seine/n Trinknachbarn/in zur Bierspende animieren.

*****

Ein Bierchen brauche ich noch, sonst kommt mir die Story von der Rothaarigen nicht über die Lippen.

Ich bin's leid, immer die Spendierhosen anzuhaben und mir die Freundschaft anderer zu erkaufen. Willst du mir nicht mal ein Stück abkaufen?

Mit mir will jeder anbändeln – nur weil ich Beziehungen habe. Jetzt sagen Sie nicht, Sie wollen mir auch einen ausgeben. Okay, Sie dürfen's ohne Gegenleistung.

Das ist ein Wink des Schicksals! Sie sind der Doppelgänger meines Zwillingsbruders. (Gilt nur beim männlichen Geschlecht.)

Ja, ja, unsere Welt ist schlecht. Alles ist käuflich. Wo findet sich denn heute noch eine menschliche Seele, die ihrem Nächsten noch ohne Vorbehalte ein Gläschen Bier hinstellt?

Würden Sie mir mal bitte ein Gläschen ausgeben? Brauch' was zum Nachspülen für meine Tabletten. Keine Angst, ist nichts Schlimmes.

Ich will mir das Saufen abgewöhnen. Hilfst du mir bei meinem letzten Schluck?

Neulich habe ich dich erwischt. (Irgendwas hat das Gegenüber bestimmt auf dem Kerbholz.) Keine Angst, ich sage nichts. Bei einer Runde ist sowieso alles vergessen.

Bin im Rahmen einer Untersuchung unterwegs: Spendierfreudigkeit im Ruhrgebiet (Rheinland, Hessen, Ostfriesland etc.). Bisher hält die sich leider in Grenzen.

So eine Schweinerei! Jemand muß mir die Brieftasche aus meiner Jacke gestohlen haben. Darauf brauche ich einen Schluck, doch woher nehmen?

Als ich das letzte Mal hier war, habe ich einen Typen kennengelernt, so dufte wie du einer bist – sympathisch, offen, großzügig ...

Mein Arzt sagt, ich hätte nicht mehr lange (krankzufeiern). Wie soll ich das verkraften?

Wenn ich nüchtern so spät nach Hause komme, wittert mein Partner bestimmt Schlimmes. Komm, hab Erbarmen mit mir!

Ich habe Ihnen vorhin ein Bier bestellt. Haben Sie's nicht bekommen? Muß ein Mißverständnis gewesen sein. (Er/sie wird sich dennoch revanchieren.)

Ich habe eine Idee: Ich lese dir deine Zukunft aus der Hand, und du zahlst mir Flüssighonorar.

Meine Nieren sind so ausgetrocknet. Es wäre schön, wenn Sie mir Erste Hilfe leisten würden.

Wenn ich blau bin, verliere ich jede Runde beim Pokern.

Alkohol macht mich immer so gefügig. (Nur bei Leuten mit sexuellem Notstand anwenden.)

Ich habe keine Angst vor Aids. Sehen Sie, ich trinke sogar aus Ihrem Glas, ohne Sie zu kennen.

Mein Mann wollte mich in drei Stunden abholen und meine Zeche bezahlen. Vielleicht können Sie mir solange einen kleinen Kredit gewähren.

Ich hab' da so eine Sperre, von anderen was anzunehmen. Hilfst du mir, die abzubauen? Hallo, ich nehme ein Bier!

Beim nächsten Bier erzähle ich dir, was die Jungs hier so über dich erzählen.

Hab' in dieser Kneipe nur Gutes von Ihnen gehört. Sie sind doch der Erfolgreiche hier aus der Gegend. In welcher Branche arbeiten Sie noch?

Entschuldigung, ich dachte, das wär' mein Bier. Na ja, sehen ja auch alle gleich aus...

Das nächste Mal läßt du mich aber zahlen.

(Heimlich die Bierdeckel vertauschen:) Oh, ich dachte, ich hätte mehr zu zahlen. Vielen Dank nochmals.

Hat dir keiner erzählt, wie du dich das letzte Mal hier durchgeschnorrt hast? Na ja, kannst dich ja heute revanchieren.

Bedienung! Das Bier ist schlecht gezapft. Hab' selbst dran probiert. Macht nichts, geben Sie mir ein neues auf Ihre Rechnung.

(Laut:) Muß man bei Ihnen immer erst den Lippenstift vom Glas putzen, bevor man trinken darf?

Geben Sie sich keine Mühe. Auch wir Wirtschaftsprüfer möchten einfach mal in der Kneipe entspannen.

**Ich bin ein lustiger Student,
Potz Himmel tausend Sapperment,
Was kümmert mich das Wasser?
Für Manichäer ist es gut,
doch nicht für akademisch' Blut.
Das Bier ist zehnmal nasser.**

»Überlegen Sie es sich einmal gründlich«, beginnt der Arzt seine Rede, »ohne Alkohol können Sie bestimmt Ihr achtzigstes Lebensjahr erreichen.«
»Warum haben Sie mir das nicht eher gesagt?«
»Keine Bange, es ist niemals zu spät«, will der Arzt beruhigen.
»Doch, gerade habe ich mein vierundachtzigstes vollendet.«

Situation: Sich rausreden, wenn man einen Kater hat

»Eines der zwanzig Biere muß schlecht gewesen sein« gehört wahrhaftig zu den abgegriffenen und daher unglaubwürdigen Ausreden. Menschenfreundlicher wäre da schon die Abwandlung: »Zwanzig Leute und ein Bier – das konnte ja nicht gutgehen. Muß mich von der Schlägerei auskurieren.«

Leider muß man ab einem gewissen trinkerprobten Alter bei seinen Mitmenschen die Fähigkeit voraussetzen, sämtliche Folgemerkmale eines gehobenen – um nicht zu sagen gesteigerten – Alkoholgenusses auf ihre wahren Ursachen zurückzuführen. Gequollene Augen allein mögen sich noch mit vorangegangenen Leseorgien erklären lassen. Appetitlosigkeit könnte auf eine herannahende Erkältung hindeuten. Aber eine blasse Leidensmiene mit Übelkeitsgefühlen, zitternden Händen, Unlust und Moralproblemen sowie der Konsum mehrerer Aspirinpackungen verraten in ihrer Gesamtheit die Qualen der Bierfreunde/innen darüber, daß es bis zum nächsten Beruhigungsbierchen noch lange hin ist.

Um sich also nicht zu sehr von Moralaposteln traktieren zu lassen — denn gerade in dem beschriebenen Zustand hat man ihnen nur wenig entgegenzusetzen —, sollte man den Mineralwassermatrosen gleich mit einem richtigen Spruch den Wind aus den Segeln nehmen und ihnen signalisieren: Das ist mein Bier!

*****

Ich hab' über ein existentielles Problem nachzudenken. Laß mich mal bitte drei Stündchen Einkehr halten. (Es muß ja diesmal nicht die Kneipe gemeint sein.)

Holger hat mir Schlaftabletten ins Mineralwasser gekippt. Das kriegt er zurück.

Hast du mal zwei bis drei Aspirin? Im Ärzteblatt habe ich gelesen, daß dadurch das Blut flüssig bleibt.

Mir ist lieber, du wirfst mir einen Kater als eine Mieze vor!

Von wegen! Das ist ein geistiger Kater vom vielen Diskutieren. (Oder vom Himbeergeist?)

Ich weiß, ich bin heute reichlich unkommunikativ, aber ich will endlich mal mit den Entspannungsübungen anfangen. Geht leider nur in Klausur.

Nein, so wie heute sehe ich immer aus. Ich glaube eher, daß du mich sonst recht wenig beachtest.

Auch ein Mann hat seine Unpäßlichkeiten. Hat mit dem gestrigen Stammtisch überhaupt nichts zu tun.
(Für Frauen:) Sonst nimmst du doch auch keine Notiz davon, wenn ich meine Tage habe!

Weißt du, warum ich so sauer bin? Weil ich so viele Biere ausgeschlagen habe, um nüchtern zu bleiben.

Ich und Ringe unter den Augen ... Das ist das neue Brillenmodell.

Nach dem Kalender ist mein Bierrhythmus heute auf dem Tiefstand. Nach dem nächsten Bier gibt sich das.

Mir ist schlecht! Wenn ich schwanger bin, gibt's Theater!
(Bei Kinderwunsch:) Ich glaube, ich bin schwanger. Muß mich schonen.

Ohne diese grundlegende Erfahrung wüßte man ja nie, wie gut es einem normalerweise geht.

Ich hab' auch schon mal daran gedacht, mit dem Saufen aufzuhören. Aber das war, bevor die neue Biersorte auf den Markt kam.

Seit ich so wenig trinke, vertrage ich auch wenig.

Sei doch froh: Wenn es den Kater danach nicht gäbe, würde ich bestimmt stärker zulangen.

Ich habe schwerwiegende Probleme zu lösen, und du hältst mir einen Kater vor.

Am nächsten Morgen habe ich immer so einen zarten Teint von der Bierhefe. Ich will doch schön für dich sein.

Mir gibt vielmehr zu denken, daß ich selbst nach so einer Sauforgie keinen Kater mehr habe.

Vielleicht hast du dich schon mal gefragt, ob mir nicht von deinem Essen so übel ist . . .

Kater? Könnte ich mir gar nicht leisten. Wer sollte sonst das Geld für deinen Sportwagen verdienen?

Ich und zittrige Hände? Daß das auch ein Zeichen von Leidenschaft sein könnte, hast du dir wohl noch gar nicht überlegt, was?

Bei deiner nächsten Migräne nerve ich dich auch so.

Ich kann gar nicht verstehen, daß es mir so dreckig geht. In den Bierpausen habe ich doch nur Schnaps getrunken.

Sei lieber ruhig, sonst kuriere ich meinen Brummschädel woanders aus.

Kennst du das Gefühl, wenn der Schmerz nachläßt? So ab und zu brauche ich das einfach.

Daß ich mein Maß noch nicht kenne, zeugt doch von meiner alkoholischen Jungfernschaft.

Wenn Alkohol eine Ersatzdroge ist, kann doch an dir was nicht stimmen!

Dafür gönne ich dir heute einen ganz schlappen Fernsehabend.

Oskars Frau muß es heute viel dreckiger gehen. Aber die kann sich natürlich mit anderen Beschwerden rausreden.